SHAANXISHENG 2020 NIANDU

GAODENG ZHIYE JIAOYU ZHILIANG BAOGAO

陕西省2020年度
高等职业教育质量报告

陕西省教育厅 编

西北大学出版社

·西安·

图书在版编目（CIP）数据

陕西省2020年度高等职业教育质量报告/陕西省教育厅编.
--西安：西北大学出版社，2021.7
ISBN 978-7-5604-4785-8

Ⅰ.①陕… Ⅱ.①陕… Ⅲ.①高等职业教育—教育质量—研究报告—陕西—2020 Ⅳ.①G718.5

中国版本图书馆CIP数据核字（2021）第150768号

陕西省2020年度高等职业教育质量报告

编　　者	陕西省教育厅
出版发行	西北大学出版社
地　　址	西安市太白北路229号
邮　　编	710069
电　　话	029-88303059
经　　销	全国新华书店
印　　装	陕西隆昌印刷有限公司
开　　本	787mm×1 092mm　1/16
印　　张	3.75
字　　数	45千字
版　　次	2021年7月第1版　2021年7月第1次印刷
书　　号	ISBN 978-7-5604-4785-8
定　　价	48.00元

本版图书如有印装质量问题，请拨打电话029-88302966予以调换。

前　言

FREFACE

2020年4月，习近平总书记来陕视察时指出，"西迁精神"的核心是爱国主义，精髓是听党指挥跟党走，与党和国家、与民族和人民同呼吸、共命运，具有深刻现实意义和历史意义。要坚持党对高校工作的全面领导，坚持立德树人，建设高素质教师队伍，努力培养更多一流人才。习近平总书记勉励广大师生大力弘扬"西迁精神"，抓住新时代新机遇，到祖国最需要的地方建功立业，在新征程上创造属于我们这代人的历史功绩。

2020年，陕西高等职业教育战线以习近平新时代中国特色社会主义思想和习近平总书记来陕视察重要讲话精神为统领，贯彻落实党的十九届四中及五中全会精神、《国家职业教育改革实施方案》《陕西省职业教育改革实施方案》，在陕西省委、省政府的坚强领导下，坚持以立德树人为根本任务，以培养德智体美劳全面发展，适应社会需求、产业需求的高素质技术技能型人才为主线，大力推进产教融合、校企合作，全省高职院校人才培养质量和服务区域经济社会发展的能力显著提升。

一、有序推进疫情常态防控下的教育教学工作

印发《关于做好疫情防控期间高等学校教学工作的通知》，组织国家级、省级专业教学资源库主持院校率先做好疫情期间在线教学活动。印发《关于疫情防控期间有序开展职业院校毕业班学生顶岗实习工作的通知》，在全国率先启动职业院校学生顶岗实习，5万名毕业班学生奔赴生产一线参加顶岗实习，九成以上学生签订就业协议，提前走上工作岗位，有效保障了疫情防控、群众生活、公共事业、重大项目等国计民生领域的运行，有力落实"六稳""六保"。

二、圆满完成高职扩招任务

按照教育部关于高职扩招工作的有关部署，结合本省实际，省级七部门印发《陕西省2020年高职扩招专项工作实施方案》。全省57所高校完成高职招生20万人，其中扩招阶段招生6万人，圆满完成了教育部下达陕西16.4万人的招生任务，完成率达到121.95%。

三、协调推进"双高计划"建设

先后召开了陕西省"双高计划"建设论坛6次，专题研讨会4次，召开"陕西省高等职业教育教学成果交流会"1次，举办西部"双高计划"建设研讨会，聚焦高水平院校和高水平专业群建设，交流"双高计划"

建设经验,研究制定省级"双高计划"遴选标准。

四、统筹实施师生大赛

在全国职业院校教师教学能力比赛中,陕西高职组获奖11项,其中,一等奖3项、二等奖5项、三等奖3项,获奖率达到91.7%,获奖总数位居全国第七,一等奖数量位居全国第四,陕西省教育厅荣获"最佳进步奖"。在第六届中国国际"互联网+"大学生创新创业大赛中,陕西高职组获奖7项,其中金奖1项、银奖2项、铜奖4项,实现陕西高职院校该赛项金奖零的突破。

五、积极稳妥推进1+X证书制度试点

成立了省级项目办公室,开发全省信息服务平台;2020年试点院校32所、试点学生6.46万人次,指导各院校将证书内容融入专业人才培养中,统筹推进教学改革,探索课程考试与培训评价双同步。

六、大力提升教师教学能力

印发《关于做好职业院校教师素质提高计划"国培项目"组织实施工作的通知》,组织实施"职业院校教师素质提高计划"国培工作,17个培训机构承担了47个国培项目,共计培训3 429人,圆满完成了

各项培训任务。陕西工业职业技术学院入选国家级首批职业院校校长培训基地。

七、陕西省职业技术教育学会作用充分发挥

印发《陕西国家"双高计划"建设内部信息交流简报》31期、《陕西职业技术教育》4期、《陕西职教动态》18期、《职教信息参考》11期，启动"双高计划"建设专项研究课题29项，面向全省高职院校立项课程思政专项研究课题1 984项，助力陕西"双高计划"建设和高职高质量发展。

"十三五"前后陕西高等职业教育对比

"十三五"期间,以习近平同志为核心的党中央高度重视职业教育发展改革。陕西省全省高职战线扎实落实党中央及教育部的各项方针政策,同"十二五"末相比,在办学规模、师资队伍建设、人才培养质量、内部治理水平等方面取得了长足的发展(图0-1至图0-3),充分展示了陕西新时代职业教育发展的新力量和新形象。

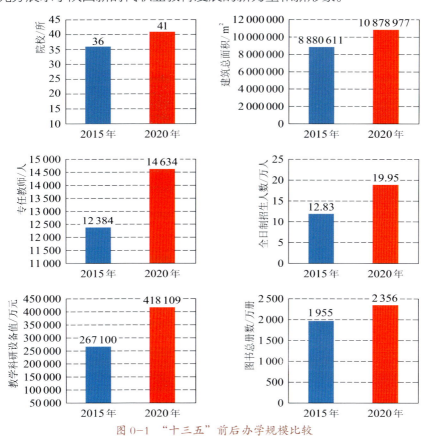

图0-1 "十三五"前后办学规模比较

V

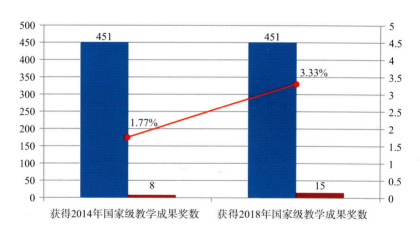

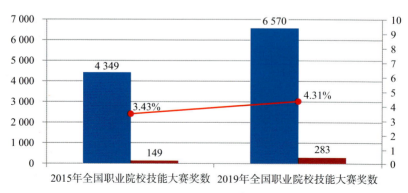

图 0-2 "十三五"前后办学质量提升情况

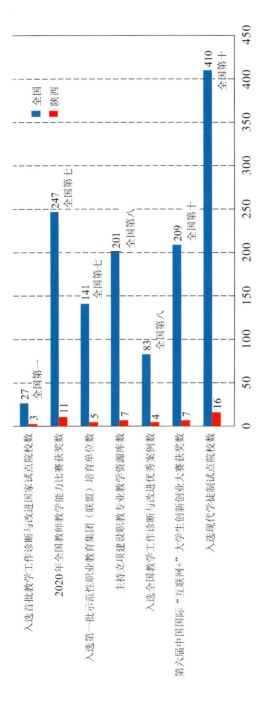

图 0-3 各项办学指标在全国所处的位置

年度报告编写组在全面梳理陕西高职院校发展的基础上，根据教育部《关于做好高等职业教育质量年度报告编制、发布和报送工作的通知》（教职成司函〔2020〕37号），参考国家部委、省人民政府及相关厅局文件，对陕西高职教育投入质量、过程质量和结果质量进行了定性和定量分析，在此基础上形成了《陕西省2020年度高等职业教育质量报告》。本报告紧密围绕服务高质量发展的主题，从基本情况、学生发展、教学改革、服务贡献、国际影响、政策保障、挑战与展望等方面，用翔实的数据和典型案例，展示了一年来陕西高职改革创新的做法和院校特色，是社会各界了解陕西高职发展状况的重要依据和窗口。

目　录
CONTENTS

一、基本情况 / 1
　　（一）院校分布 / 1
　　（二）院校类型 / 2
　　（三）在校生规模 / 3
　　（四）办学资源 / 4

二、学生发展 / 5
　　（一）招生情况 / 5
　　（二）职业素养 / 6
　　（三）就业质量 / 14
　　（四）职业发展 / 16
　　（五）创新创业 / 17

三、教学改革 / 19
　　（一）专业建设 / 19
　　（二）课程建设 / 22
　　（三）师资队伍建设 / 23
　　（四）信息化建设 / 26

四、服务贡献 / 29
　　（一）产教融合 / 29

（二）技术服务 / 31
　　（三）社会培训 / 33
　　（四）脱贫攻坚 / 36
　　（五）抗击疫情 / 38

五、国际影响 / 40
　　（一）国际交流 / 40
　　（二）海外办学 / 41
　　（三）国际认证 / 42
　　（四）双向留学 / 43
　　（五）技能大赛 / 44

六、政策保障 / 45
　　（一）加强顶层设计 / 45
　　（二）加大投入力度 / 45
　　（三）推进"放管服"改革 / 46

七、挑战与展望 / 47
　　（一）问题导向 / 47
　　（二）创新发展 / 47

一、基本情况

陕西高职院校各类全日制在校生31.91万人，较2019年的29.16万人增加了2.75万人，居全国第16位。校均学生8 181.67人，居全国第10位。专任教师14 634人，校均395.51人。全日制招生13.99万人（不含扩招部分），较2019年增加了1.78万人；毕业9.4万人，较2019年略有下降。

（一）院校分布

陕西41所高职院校、2所职业教育本科试点院校，分布在全省10个地市（全覆盖），其中省会西安市较为集中，有21所，占比51.22%；其他各地市分别为：咸阳市6所，宝鸡市、榆林市各3所，渭南市、汉中市各2所，铜川市、延安市、商洛市、安康市各1所（图1-1）。

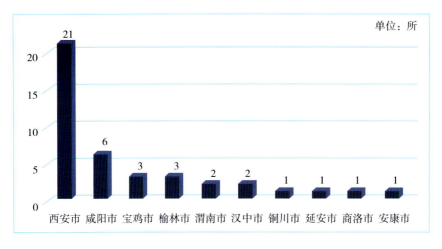

图1-1　陕西高职院校分布图（按所在地市分布）

（二）院校类型

按出资性质划分：公办院校 30 所，占总数的 73.17%；民办院校 11 所，占总数的 26.83%（图 1-2）。

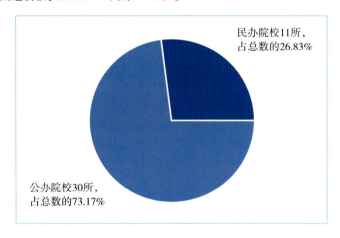

图 1-2　陕西高职院校分布图（按办学性质分类）

按举办主体分类：省属院校 12 所，占总数的 29.27%；地市院校 12 所，占总数的 29.27%；行业和政府其他部门办学 6 所，占总数的 14.63%；社会资本举办的民办院校 11 所，占总数的 26.83%（图 1-3）。

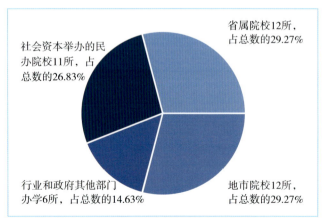

图 1-3　陕西高职院校分布图（按举办主体分类）

按"双高计划"建设类型分类：国家"双高计划"高水平院校建设单位4所，国家"双高计划"高水平专业群建设单位4所，各占总数的9.76%。

按示范性分类：国家示范院校3所，国家骨干院校3所，各占总数的7.32%；省级示范院校12所，占总数的29.27%。

按院校类型分类：理工院校16所，占总数的39.02%；综合院校15所，占总数的36.59%；财经院校6所，占总数的14.63%；农业院校、医药院校、政法院校、艺术院校各1所，分别占总数的2.44%（图1-4）。

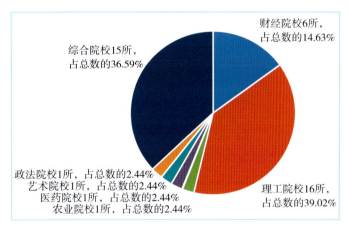

图1-4 陕西高职院校分布图（按院校类型分类）

（三）在校生规模

2020年，陕西高职院校全日制在校生31.91万人。其中，高中起点在校生26.45万人，较2019年的25.75万人增加了0.7万人；中职起点在校生3.47万人，较2019年的3.21万人增加了0.26万人。首次在8所"双高计划"院校中开展本科层次职教试点培养，目前在校学生635人。

（四）办学资源

陕西高职院校基本办学资源和检测办学资源指标均达到国家合格标准（表1-1）。

表1-1　陕西高职院校基本办学条件一览表

序号	指标名称	单位	2020年	2019年	合格指标
1	生师比	—	13.87	14.35	18
2	具有研究生学位教师占专任教师的比例	%	54.95	49.73	15
3	生均教学行政用房	m²/生	18.99	20.98	16
4	生均教学科研仪器设备值	元/生	12 404.16	18 474.72	4 000
5	生均图书	册/生	91.84	87.31	60
6	具有高级职务教师占专任教师的比例	%	32.60	29.63	20
7	生均占地面积	m²/生	86.15	70.75	59
8	生均宿舍面积	m²/生	11.83	10.53	6.5
9	百名学生配置教学用计算机数	台	28.41	28.14	10
10	新增科研仪器设备所占比例	%	12.73	12.55	10
11	生均年进书量	册	4.40	3.24	2

二、学生发展

（一）招生情况

2020年，陕西高职院校继续推动考试招生制度改革，通过非普通高考渠道录取的考生人数超过年录取总人数的75%，实现了分类考试招生作为高职招生录取的主渠道。

2020年，陕西高职院校积极响应国家号召，根据《教育部办公厅等六部门关于做好2020年高职扩招专项工作的通知》（教职成厅〔2020〕2号），制定了《陕西省教育厅等七部门关于印发陕西省2020年高职扩招专项工作实施方案的通知》（陕教〔2020〕162号），面向具有陕西户籍或在陕务工满6个月的普通高中、中职毕业生或具有同等学力人员，重点是退役军人、下岗失业人员、农民工和高素质农民、企业员工和基层农技人员等群体。全年累计招生20万人，其中，下岗职工856人、农民工8 064人、新型职业农民899人、退役军人21 339人，按时保质保量完成了扩招任务（图2-1）。

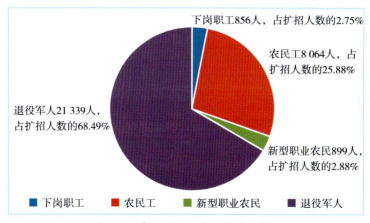

图2-1 高职扩招4类人员占比图

（二）职业素养

陕西高职院校坚持以习近平新时代中国特色社会主义思想为指导，全面贯彻党的教育方针，以立德树人为根本，以理想信念教育为核心，以培育和践行社会主义核心价值观为主线，把思想政治工作贯穿教育教学的全过程，将劳模精神、工匠精神、劳动精神、艺术修养融入人才培养中，实现德智体美劳全方位育人。

1. 思政育人，坚定理想信念

陕西高职院校以习近平新时代中国特色社会主义思想铸魂育人，全面推进课程思政建设工作。构建"三全育人"大格局，对标落实"六个要"和"八个相统一"，筑牢思政"主渠道"，创新思政课实践教学模式，推动思政课实践教学向研练创拓展、向微体验延伸。积极助力培养"爱国有情""强国有志""报国有行"的新时代红色工匠，真正把思政课这门关键课程办成让党和国家放心的"金课"。加强学生的理想信念教育、爱国主义教育、集体主义教育和中国特色社会主义教育，教育和引导学生树立正确的世界观、人生观和价值观，增强学生的民族自豪感和社会责任感。

案例 2-1　陕西铁路工程职业技术学院聚焦战"疫"，打造思政微"金课"

在全民战"疫"的特殊时期，陕西铁路工程职业技术学院思政课教师团队全力打造疫情时期的思政战"疫"微课，努力实现"停课不停学，学习不延期"的目标。充分挖掘战"疫"的感人事迹、生动故事和典型案例，将当前战"疫"一线中鲜活感人的素材作为思想政治教育的理论载体，强化对学生的价值引领，教育引导学生遵守规则、热爱生命，弘扬爱国主义精神，坚定中国特色社会主义道路自信、理论自信、制度自信、文化自信（图 2-2）。

图 2-2　陕西铁路工程职业技术学院李崇智讲授思政课程

案例 2-2　咸阳职业技术学院优秀毕业生支援武汉抗击疫情

咸阳职业技术学院护理专业 2013 级学生陈瑶瑶，毕业后进入咸阳市第一人民医院重症医学中心工作。疫情暴发后，第一个写下请战书，于 2020 年 1 月 26 日作为咸阳市第一人民医院救援队队长，积极响应国家号召，整装出发，逆行而上，支援武汉疫情救治工作。陈瑶瑶说："再艰险，只要祖国需要，我一定不辱使命，坚决完成任务，向党和人民交出满意的答卷。"

案例 2-3　陕西工业职业技术学院邀请全国人大代表、全国劳动模范为学生讲授公开课

陕西工业职业技术学院邀请全国人大代表、全国劳动模范，2005 级毕业生何菲为师生以"坚持与蜕变"为主题讲授公开课。何菲通过分享自己的学习历程和心得感悟，勉励现场同学坚定理想信念，怀揣梦想，勇于创新，做合格的陕工学子，做有理想、有追求、有信仰的时代新青年。

2. 弘扬工匠精神，培育工匠人才

陕西高职院校努力探索职业素养与职业技能融合的有效途径，将培育工匠精神渗透到办学思想、教育理念、教风学风等价值体系中，

实现学生专业技能培养与工匠精神养成并举。积极实施工匠精神传承计划,构建学生职业素质发展培育体系。邀请大国工匠、能工巧匠进校园授课、做学术报告和开展专题讲座。实施"大师、工匠"引领工程,设立"技能大师"工作室,形成"教师育植、大师传承、学生践行"三层次全方位的工匠精神培育和传承格局,培养学生的创新精神、精益求精的职业态度和敬业精神。

> **案例 2-4 汉中职业技术学院开展"大国工匠进校园"活动**
>
> 汉中职业技术学院加强以"工匠精神"为核心的职业素养教育。2019 年 11 月 20 日,学校举行"大国工匠进校园"活动,特邀大国工匠、陕西省劳动模范张新停做宣讲报告和现场演示。现场学生互动热烈,分享着大国工匠艰辛的奋斗历程,同时也被工匠精神深深震撼(图 2-3)。

图 2-3 汉中职业技术学院"大国工匠进校园"宣讲会

3. 传承劳模精神,培育时代新人

持续推进劳模精神进校园、进课堂、进教材、进社团。进一步营造崇尚工匠精神的校园文化氛围;邀请先进模范人物做报告,传播前沿施工技术、交流成功经验,激励在校学生尊重职业、尊重技术技

能、尊重工匠；大力宣传劳模的光荣事迹，引导广大师生树立健康向上的人生观和价值观，在工作和生活中积极践行劳模精神。杨凌职业技术学院积极培育"劳动＋专业课"教学模式，在专业课程特别是实践性教学课程中引入劳动教育内容，树立"脑力＋体力"的劳动观念，鼓励学生善于思考、勤于动手。开设"劳动模范在身边"等公选课，推动劳动精神、劳模精神进教材、进课堂、入脑入心，逐步构建起具有行业特色的劳动教育格局。

由中共陕西省委宣传部、省委教育工委、省总工会主办，陕西省教科文卫体工会承办的劳模工匠进校园宣讲活动，全省共计37万余人通过线上直播的方式与现场300余名师生共同聆听报告。全国劳动模范、全国五一劳动奖章获得者、中铁一局集团城市轨道交通工程有限公司梁西军，全国劳动模范、"三秦工匠"、中国航空发动机集团西安航空发动机有限公司夏复山，全国先进工作者、国家科技进步一等奖获得者、自然资源部李国鹏——这几位劳模工匠结合学习习近平总书记在全国劳动模范和先进工作者表彰大会上的重要讲话精神以及陕西省委书记刘国中在陕西"三秦工匠"、五一劳动奖表彰大会上的讲话精神，分别讲述了各自在不同领域、不同岗位上成长、成才、成功、成就的感人故事，为学生做了精彩的劳动教育。

案例 2-5 厚植劳动精神德技双修，扎根铁路一线建功立业

陕西铁路工程职业技术学院把劳动育人作为校园文化建设的重要品牌列入"双高计划"建设任务中，通过五课联动，用好课堂主渠道；多管齐下，搭建劳动实践平台；四方协同，打造高水平劳育队伍；三位一体，健全劳育保障体系；多举措厚植学生"四得"劳动精神，培育大学生优秀劳动品质，形成了"劳动光荣、技能宝贵"的文化氛围（图2-4）。

图 2-4 全国劳动模范窦铁成在陕西铁路工程职业技术学院做工匠精神专题报告

案例 2-6　延安职业技术学院开展"六融入"劳动教育活动

延安职业技术学院组织涉农专业师生到校外实训基地——山牛生态园开展"六融入"劳动教育活动。通过参与掰玉米、割谷子、拔豆子等农事活动，分享收获的喜悦（图2-5）。师生亲身体验用石磨磨豆子做豆腐、爆玉米花、摊米黄等传统工艺，深切感受到中国传统农业的博大精深，真正体会到"谁知盘中餐，粒粒皆辛苦"的深刻道理，培养了师生的劳动精神和职业精神。

图2-5　延安职业技术学院"六融入"劳动教育现场

4. 以美育人，提升人文素养

各高职院校切实将"以美育人、以文化人"贯穿到教育教学的全过程，围绕习近平新时代中国特色社会主义思想，贯彻落实《新时代爱国主义教育实施纲要》，不断推进社会主义核心价值观教育。持续开展校园文化艺术节、高雅艺术进校园等活动，推进中华优秀传统文化的传承与创新，着力培养德智体美劳全面发展的社会主义事业建设者和接班人。

> **案例 2-7　陕西工业职业技术学院开展"书香校园"云端读书文化节活动**
>
> 陕西工业职业技术学院结合新冠疫情防控工作，开展 2020 年度"书香校园"读书文化节活动。采用"云"开幕的形式，以"见证中国精神 感悟文化之美"为主题，共设计包括"见证·中国力量"主题朗读比赛，"见证·中国精神"系列主题作品展，"见证·设计之美"主题图像创意设计征集，"感悟·经典之美"主题阅读推介，"感悟·名师之魅"14 天听讲座打卡，"书香校园"读书文化节先进典型表彰交流等六类八项系列活动，传播阅读新理念，激发阅读新热情，持续将读书文化节打造成师生认可、参与程度高的校园文化品牌活动，助推精神文明校园建设（图 2-6）。

图 2-6　陕西工业职业技术学院"书香校园"云端读书文化节表彰大会

案例 2-8　陕西艺术职业学院举办"传承红色基因 争做时代新人"朗诵比赛

陕西艺术职业学院以"传承红色基因 争做时代新人"为主题，举办纪念中国共产党建党 99 周年朗诵比赛（图 2-7）。以习近平新时代中国特色社会主义思想为指导，聚焦培养担当民族复兴大任的时代新人，引导青年学子增强"四个意识"、坚定"四个自信"，努力奋斗，为建成实力强、质量高、特色鲜明的西部一流，在全国有重要影响力的艺术职业院校贡献青春力量，展现青春风采。

图 2-7　陕西艺术职业学院"传承红色基因 争做时代新人"朗诵比赛

（三）就业质量

陕西省教育厅积极贯彻落实党中央、国务院及省委、省政府"六稳""六保"决策部署，充分研判新冠肺炎疫情对毕业生就业的影响，充分做好 2020 届毕业生就业创业工作，努力做到"实、细、诚、稳"四字诀，通过全员、全程、全方位服务，助力毕业生就好业。

2020 年，陕西高职院校毕业生人数为 96 838 人，其中规模较大的 13 所学校的毕业生都超过 3 000 人。2020 年，陕西高职院校毕业生初次就业率为 84.71%，比 2019 略有降低，8 所"双高计划"建设院校平均就业率为 92.33%。毕业 3 年职位晋升比例为 40.76%，比 2019 年提高了 1.5 个百分点。其中，留在当地就业 4.71 万人，在西部地区和东部地区就业 5.84 万人，到世界 500 强企业就业 1.48 万人，到中小微企业等基层服务 4.37 万人；理工农医类专业相关度达到 77.16%；平均月收入为 3 634 元。毕业生对母校的满意度为 95.07%，雇主平均满意度为 94.97%。

中国西部高等教育评估中心发布《2020年度陕西高校及专业毕业生就业质量指数评价报告》，对陕西76个专科教育专业毕业生就业质量进行了评价，其中，2个专业获评A+、2个专业获评A、3个专业获评A-，占全部A大类专业的75%（表2-1）。

表2-1 陕西高校专科教育专业毕业生就业质量指数分析结果

专科教育专业名称	排名	排序	标准化就业质量指数	就业质量指数	就业率/%	收入水平/元	专业匹配度/%	就业满意度/%	就业保持率/%
动车组检修技术	1	A+	100.00	121.03	98.00	4 945.76	3.95	3.86	95.12
铁道机车	2	A+	98.51	119.23	95.93	5 017.96	3.93	3.57	94.25
高速铁道工程技术	3	A	96.42	116.70	96.12	4 946.48	3.70	3.64	85.37
土木工程检测技术	4	A	96.07	116.27	92.50	5 134.78	3.72	3.38	90.00
安全技术与管理	5	A-	94.54	114.42	93.18	5 120.00	3.38	3.41	87.50
城市轨道交通车辆	6	A-	94.13	113.92	93.58	4 849.12	3.56	3.52	86.15
工程机械运用技术	7	A-	93.94	113.70	94.83	5 221.62	3.07	3.53	80.85
铁道工程技术	8	A-	93.72	113.42	92.06	4 961.88	3.52	3.40	86.21
治安管理	9	B+	93.63	113.31	84.13	4 503.74	4.14	3.73	93.75
铁道通信与信息技术	10	B+	93.19	112.78	93.18	4 920.00	3.23	3.46	90.00
地下与隧道工程技术	11	B+	92.35	111.77	94.64	5 004.57	3.15	3.28	83.75
道路桥梁工程技术	12	B+	91.88	111.20	90.61	4 981.45	3.49	3.46	71.70
铁道交通运营管理	13	B+	91.02	110.16	90.83	4 224.04	3.50	3.75	92.42
电气化铁道技术	14	B+	90.54	109.57	95.04	4 426.86	3.36	3.42	83.72
供用电技术	15	B+	90.50	109.53	92.00	4 925.00	3.13	3.46	73.08
工程测量技术	16	B	90.30	109.28	90.29	4 823.11	3.42	3.39	71.91
电厂热能动力装置	17	B	89.98	108.90	94.37	4 267.86	3.48	3.53	80.36

数据来源：中国西部高等教育评估中心发布的《2020年度陕西高校及专业毕业生就业质量指数评价报告》。

（四）职业发展

1. 毕业3年后月收入增幅较大

对陕西高职院校毕业生跟踪调查的结果显示，2017届毕业生毕业3年后的月收入增长显著，增幅与全国高职毕业生增幅基本相同。麦可思应届毕业生培养质量跟踪评估报告显示，陕西铁路工程职业技术学院2019届毕业生月收入达到5 467元，比2019年高出343元，高出全国平均水平1 172元，高出全国"双高计划"建设院校平均水平1 031元。陕西工业职业技术学院2017届毕业生平均薪酬为5 321元，约为毕业时薪酬的1.8倍。

2. 职业稳定性较高

陕西高职院校毕业生就业后职业稳定性较好，对职业的满意度和对雇主的忠诚度较高。其中，2017届毕业生从毕业到目前就业的情况总体稳定，毕业3年没有更换单位的占比为60.12%，更换1次单位的占比为25.48%，更换2次单位的占比为11.12%，更换3次及以上单位的占比为3.28%。初次就业在省内就业毕业生的稳定性远高于省外毕业生。西安航空职业技术学院2020届毕业生对目前工作总的满意度达到88.85%，对工作内容、职业发展前景、工作薪酬的满意度分别为85.21%、79.35%和77.58%（图2-8）。

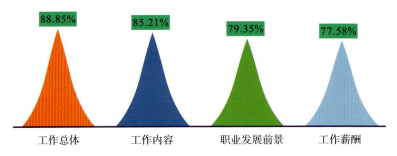

图2-8　西安航空职业技术学院2020届毕业生对工作满意度的评价

数据来源：第三方机构新锦成-2020届毕业生就业与培养质量调查

（五）创新创业

陕西高职院校以提高人才培养质量为核心，以培养学生创新精神、创业意识和创新创业能力为宗旨，以开展创新创业训练活动为抓手，坚持创新引领创业、创业带动就业，探索创新创业人才培养新模式，不断营造和深化创新创业氛围。

各高职院校均成立了创新创业教育工作机构，统筹管理创新创业教育、师资、平台、社团，组织论坛、讲座，负责"双创"训练项目立项、管理、结题，拓展政府、行业、企业、学校合作项目，开展创新创业教育理论与实践的研究及对外交流。全面实施创新创业教育改革实施方案，组织专业指导团队，与导师研发方向相结合、与产业需求相结合、与专业背景相结合，以赛促教、以赛促学、以赛促练、以赛促创，全面深化创新创业教育改革。

案例 2-9　第六届中国国际"互联网+"大学生创新创业大赛全国总决赛获得金奖

陕西工业职业技术学院"折叠显示用超薄柔性玻璃智造"项目团队，依托团队扎实的科研实力和现场精彩的路演，一举获得本届"互联网+"大赛职教赛道金奖，是陕西高职院校在"互联网+"国赛中获得的首枚金奖（图2-9）。该项目填补了国内超薄柔性玻璃热体生产技术的空白，打破了国外的技术壁垒，提升了我国柔性玻璃在国际市场的主动权和话语权。

图 2-9　陕西工业职业技术学院获得"互联网+"全国总决赛金奖

案例 2-10　西安航空职业技术学院获得国际青年"双创"技能大赛一等奖两项

西安航空职业技术学院在第十二届"挑战杯"中国大学生创业计划竞赛上取得 1 金 1 银,获奖数位居全国高职院校第三,实现了陕西高职在"挑战杯"国赛金奖零的突破;第六届中国国际"互联网+"大学生创新创业大赛中获得银奖 1 项;第三届中英"一带一路"国际青年创新创业技能大赛中国区总决赛中荣获两项一等奖,并获得 2020 年第四届大赛中国区总决赛的承办权。通过各级各类创新创业大赛优异成绩的取得,进一步提高了学生的创新创业水平,扩展了就业渠道,提升了就业质量,大赛的育人功能凸显(图 2-10)。

图 2-10　西安航空职业技术学院参加第十二届"挑战杯"中国大学生创业计划竞赛

三、教学改革

（一）专业建设

围绕陕西产业结构升级，对接区域特色行业企业发展需求，陕西省教育厅持续深化专业供给侧结构性改革，通过实施省控专业目录、急需专业目录等举措，建立起了高职院校专业优化动态调整机制。

1. 专业布局

陕西41所高职院校专业布点1 349个，校均34.59个，覆盖19个专业大类。其中，土木建筑大类、装备制造大类、交通运输大类、电子信息大类、财经商贸大类专业数量较大，与陕西省产业发展规划布局相适应（图3-1）。

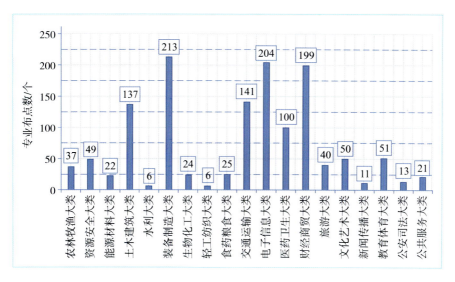

图3-1　陕西高职院校设置专业所属专业大类分布图

陕西高职院校开设的专业面向现代农业 43 个，占专业总数的 3.19%；面向能源化工产业 101 个，占专业总数的 7.49%；面向装备制造、交通运输业 354 个，占专业总数的 26.24%；面向新兴产业 204 个，占专业总数的 15.12%；面向传统产业 262 个，占专业总数的 19.42%；面向服务业 385 个，占专业总数的 28.54%（图 3-2）。

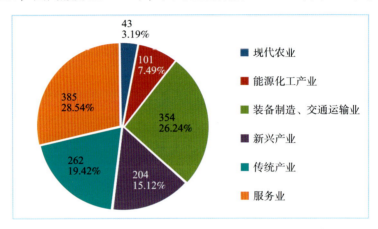

图 3-2　陕西高职院校专业面向重点发展产业的分布情况

2. 专业调整

陕西省教育厅设置专业动态调整机制，主动面向区域支柱产业、重点产业发展和经济社会紧缺技术技能人才需求，设置省控专业目录和急需专业目录，有效调整和设置专业，促进专业设置与产业发展有效衔接，专业规模与区域经济社会发展需求相适应。2020年，陕西高职院校新增专业 177 个，停招专业 169 个，撤销专业 44 个（图 3-3）。8 所"双高计划"建设院校试点联办专升本专

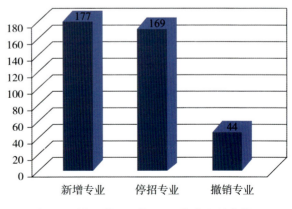

图 3-3　陕西高职院校 2020 年专业调整情况

业，探索在高职院校试办本科专业，首年招生 635 人。

案例 3-1　书证融通紧抓产业升级需求，多元并进提高人才质量

陕西铁路工程职业技术学院主动适应新科技革命和产业变革对高素质复合型技术技能人才的需求，积极对接国家 1+X 证书制度试点工作，编制报送了试点工作申报方案，并将 X 证书标准融入人才培养方案中，以 1+X 证书制度改革为抓手，推进书证融通，提升专业教学质量和学生就业核心竞争力。入选教育部首批 1+X 证书制度试点单位，申办 1+X 证书制度试点 13 个，涉及 25 个专业，牵头编写培训教材 2 部，4 名教师被聘为专家委员会委员、培训讲师团成员，1+X 证书考证通过率为 89.67%。课题"1+X 证书制度在共同体专业人才培养试点探索与实践应用"入选国家级职教团队课题研究项目专业领域子课题立项名单（图 3-4）。

图 3-4　陕西铁路工程职业技术学院 1+X 证书制度试点成果

案例 3-2　西安汽车职业大学推进卓越人才教改班培养计划

西安汽车职业大学专门组织笔试、面试，成立了 1 个职业本科教改班，由教务处直属管理，对学生实行动态管理机制，通过"通识+专业+考研"深度融合的课程体系，配备优秀的师资队伍，遴选骨干教师担任班主任，通过 4 年的培养，考研成功上线达到 100%。

（二）课程建设

1. "课程思政"和"思政课程"同向同行协同育人

陕西省抓住教师队伍这个关键，组织开展全省高校思政教师大练兵，全省高校党委书记、校长、宣传部部长、学工部部长、教务处处长、研究生院院长、马克思主义学院院长、全体思政课教师和部分专业课教师等 8 万余名师生通过网络直播同上思政大课，打造精品思政课，抓好课堂教学主渠道，打造了一批教学标兵与骨干。

陕西省职业技术教育学会立项课程思政专项研究课题 1 984 项。通过研究与实践，将形成一批优秀课程思政研究与实践成果（教材、论文、案例），引导学生树立正确的世界观、人生观、价值观，持续推进全员、全过程、全方位育人。各校根据专业特点修订人才培养方案和课程标准，落实高职学校专业教学标准，根据不同课程的特点和育人要求，分别明确了公共基础课、专业课、实践类课程的课程思政挖掘重点，优化课程体系设置，提升育人实效。

> **案例 3-3　陕西交通职业技术学院充分挖掘思政元素　提升课程育人实效**
>
> 陕西交通职业技术学院赵转转老师在汽车安全与舒适系统检修课程中，由第一代到第五代防盗系统的升级进步过程，让学生了解科技人员的不断进取精神和使命担当，希望同学们能学习科学家勇攀高峰的精神，不断钻研汽修技术，成为汽车智能时代的安全卫士。在教学中以大国工匠——发动机维修专家张永忠的事迹，激励同学们认真钻研技术，掌握过硬技能，甘于奉献，逐步养成爱岗敬业、不断创新的品格（图 3-5）。

图 3-5 陕西交通职业技术学院赵转转老师课程思政示范课

2. 持续推进精品在线开放课程建设，适应线上线下混合育人

遵循"一体化设计、颗粒化资源"的建构逻辑，持续提升在线课程建设水平；以信息化技术为抓手，积极参与国家精品在线开放课程建设，建成国家级精品课程 55 门、省级精品课程 301 门，新增省级职业教育在线精品课程 103 门，涵盖各大专业门类，资源 30 550 条、学生用户 94 113 人、社会用户 20 843 人、年度访问量达到 496 万人次。

3. 坚持教材凡编必审、凡选必审，培育职业教育优秀教材

建立健全教材全流程把关机制，全面加强政治性、思想性、科学性审核，拧紧了教材进学校、进课堂、进学生书包的安全阀。建立起了学校骨干教师、行业专家、企业一线技术骨干等共同参与的多元合作教材开发模式，淡化学科体系和理论体系，重实践、重应用，根据产业升级形势及时更新再版，形成了深度对接行业企业标准、体现书证融通要求、呈现形式丰富、内容及时更新的教材编修机制，充分体现新知识、新技术、新工艺和新方法的要求，2020 年评选出省级职业教育优秀教材共 30 部。

（三）师资队伍建设

1. 夯实技术技能基础，强化双师队伍建设

陕西高职院校现有教职工 23 902 人。其中，专任教师 14 634 人，占教职工总数的 71.76%；兼职教师 5 759 人，占教职工总数的

28.24%；校均生师比为 13.87。

陕西高职院校围绕培养、引进、使用、发展 4 个环节，深入实施人才强校战略，逐步建立起了以教师教学能力发展为主，以专业实践能力和研究能力发展为两翼的师资队伍建设框架。专任教师中具有高级职称的 4 776 人，占专任教师的比例为 32.6%；双师素质教师 7 825 人，占专任教师的比例为 53.47%；研究生学历或硕士以上学位教师占专任教师的比例为 54.95%。近 5 年陕西高职院校研究生学历或硕士以上学位教师占比情况如图 3-6 所示。

图 3-6　近 5 年陕西高职院校研究生学历或硕士以上学位教师占比情况

案例 3-4　西安信息职业大学打造"双师型"教师培养基地

西安信息职业大学与中兴通讯股份有限公司、华为技术有限公司、三星（中国）半导体有限公司、力成半导体有限公司等较大知名企业合作建立学校的"双师型"教师培养基地。从西安高新技术产业开发区、西咸新区人才培养基地或相关行业聘请一批具有丰富实践经验、高水平的能工巧匠、企业专家、技术骨干作为学校的"双师型"和兼职教师，承担讲座、教学、实习指导等任务，聘任来自中兴通讯股份有限公司、华为技术有限公司等企业的"双师型"教师 87 人。

2. 骨干教师传帮带，教育教学能力显著提升

陕西省委教育工委、陕西省教育厅围绕立德树人根本任务，注重教师教学能力创新提升，出台学历技能提升支持政策，在科研经费启动、学位奖励等方面给予优惠支持。主办了2020年陕西省职业院校技能大赛教学能力比赛，以赛促教、赛教结合，全面促进教师教学能力提升。38所院校的896名教师参加了省级初赛，268位教师进入省级决赛，评出一等奖23项、二等奖46项，最佳组织奖20项。推荐优秀项目参加2020年全国职业院校技能大赛教师教学能力比赛，荣获一等奖3项、二等奖5项、三等奖2项，取得了历年最好成绩（图3-7）。

图3-7 2020年全国职业院校技能大赛教学能力比赛决赛现场

3. 注重技术技能教师团队建设，深化教学创新团队培养

围绕现代学徒制试点等国家项目推进教师团队建设，实施技术技能大师、专业带头人、骨干教师、青年教师、教科研团队等教师分类培养，提高教师团队水平。2020年，陕西省教育厅统筹国培、省培项目，投入2 100万元，苏陕协作培训校长和教师152人，跟岗3个月以上的122人。教师赴企业实践锻炼人数大幅提升，参与多家企业的多项技术攻关、科技推广、技术服务等工作，大幅度提高了教师的实践教学能力，持续推动教师企业实践及工程实践轮训计划。

（四）信息化建设

1. 借力平台、培训先行，保障网课有序开展

为更好适应疫情防控常态化，陕西省掀起了改变教、改变学、改变管、改变形态的学习革命，保障了国家教学标准落地，确保了人才培养质量稳步提高。先后组织院校多渠道、多平台举办教师线上授课经验分享、线上授课模式、不同平台网络资源使用技巧等方面的培训168场，为教师网课线上教学的开展提供了技术和业务支持。教师借助"智慧职教""中国MOOC大学"等平台资源及自建资源供学生自学，并定期为学生进行线上辅导682.2万人次。

2. 立足"能学、辅教"，持续完善专业教学资源库

强化"使用便捷、应用有效、共建共享"的应用要求，持续完善专业教学资源库运行平台功能，提高教与学的效果，健全以用促建、共建共享的长效机制。3个国家级资源库项目顺利通过验收，2017—2018年省级高等职业教育专业教学资源库完成验收，3项优秀、9项合格。

> **案例 3-5　西安航空职业技术学院共享资源、助力网课，有序开展线上教学工作**
>
> 西安航空职业技术学院通过"智慧职教""中国MOOC大学""学堂在线"等平台，免费向社会公众开放资源库示范课和在

线开放课程76门。国家级空中乘务专业资源库教师团队为了保障校内外师生在疫情防控期间的在线教学,结合实际连夜研讨制定了相应工作方案,并组建线上教学和学习辅导技术团队,全天24小时在线,服务国内外900余所高职院校对航空服务类教学资源有学习需求的70 000余名师生。全国各地的空中乘务专业任课教师通过本资源库在职教云平台搭建个性化课程800余门,为空中乘务专业"停课不停教、停课不停学"贡献力量(图3-8)。

图3-8 西安航空职业技术学院教师线上教学实况

> **案例 3-6　陕西警官职业学院与陕西省公安厅共建信息化应用实验室**
>
> 陕西省公安厅信息化应用实验室在陕西警官职业学院正式挂牌成立（图3-9）。实验室按照陕西省公安厅的要求，大力推进科技成果转化应用，服务基层公安工作，为陕西公安信息化建设提供动力支持。2020年，"基于手机卡与身份证件的研究"专利分许可合同价款总额达到5 330万元，已到账专利许可费330万元。

图3-9　陕西省公安厅信息化应用实验室揭牌成立

四、服务贡献

（一）产教融合

陕西省人民政府办公厅印发《关于深化产教融合的实施意见》，提出促进教育链、人才链与产业链、创新链有机衔接，提升人力资源质量，服务区域经济社会发展。

陕西高职院校努力搭建产教供需新平台，强化校企协同新机制，推进校企共育新模式。陕西工业职业技术学院牵头组建了全国机械行业服务先进制造高水平职业院校建设联盟（图4-1），先后与宁夏共享装备集团公司、轻量化研究院等公司签订战略合作协议，共同开发行业标准、共建产教融合型实训基地、共同探索产业学院建设。

图4-1 全国机械行业服务先进制造高水平职业院校建设联盟成立大会

案例 4-1 陕西国防工业职业技术学院成立 FANUC 产业学院

陕西国防工业职业技术学院牵头组建陕西国防工业职业教育集团，紧贴国家军工产业改造升级，坚持以校企合作作为推动集团化办学发展的重要战略，通过不断深化合作，构建校企共建共享平台。建成一批产教融合国家级示范项目和实训基地，与北京 FANUC、科大讯飞、中兴通讯等知名企业共建现代产业学院 3 个（图 4-2）。

图 4-2 陕西国防工业职业技术学院校企共建 FANUC 产业学院

案例 4-2 陕西铁路工程职业技术学院深度融合校企优势，共育铁路工匠

陕西铁路工程职业技术学院与中铁二十局集团签署校企战略合作协议，校企双方分别发挥自身优势，建立了融"产、教、学、研"于一体的长效深度合作机制。学校通过科技研发、员工培训、技能鉴定等形式服务企业，中铁二十局与学校在专业开发、人才培养、技能大赛、科技创新、双师素质教师培养、现代学徒制人才培养、顶岗实习、实习实训基地建设等方面开展全方位合作，面向铁路建设一线，打造具备社会主义核心价值观、德智体美劳全面发展的铁路建设急需的技术技能人才。

案例 4-3　宝鸡职业技术学院举办"金秋校园行"活动

宁波陕西商会副会长张剑峰、温州陕西商会会长苏晓渭带领商会11家企业在宝鸡职业技术学院举办"金秋校园行"活动。温州长江汽车电子有限公司将投资300万元为宝鸡职业技术学院捐建现代化高水平汽车电器实训室，1 000多名学生与企业达成就业意向。

（二）技术服务

陕西工业职业技术学院依托国家级材料工程技术创新中心等4个协同创新中心，组建多个博士研发团队，成功申报省、市级科研课题6项，承担横向科研课题8项，实现专利技术转化6项。侯延升博士团队研发的"折叠显示器用柔性玻璃转化"项目成果在山东省济宁市兖州区成功实施转化，项目总投资达到2亿元，实现了科技成果转化的新突破。

案例 4-4　国内第一条高端柔性玻璃盖板生产线正式投入运行

陕西工业职业技术学院与山东乐和家日用品有限公司、上海光铧科技有限公司以及北京工业大学的创新技术专家共同成立，总投资2亿元的山东柔光新材料有限公司超薄柔性玻璃项目完成配料、熔窑、拉引炉、洁净间等全套设备的建设任务，建成国内第一条高端柔性玻璃盖板生产线，完全具有自主知识产权，填补了国内热体柔性玻璃生产线的空白。2020年8月，窑炉点火成功，标志着国内第一条高端柔性玻璃盖板生产线正式投入运行（图4-3）。项目正式投产后可形成年产30万片折叠显示屏柔性玻璃盖板的生产能力，预计实现新增销售收入5亿元，新增利税3 500万元。

图 4-3　陕西工业职业技术学院柔性玻璃项目窑炉点火仪式

案例 4-5　杨凌职业技术学院开展技术研发，选育优质高产小麦新品种

杨凌职业技术学院组建"教授+科研成果+推广"工作室，利用国内外优质多抗资源，通过诱变、杂交和分子标记辅助选择等手段，实现国内外小麦优良基因重组。引进 76 份国外材料，创制优质多抗材料 2 000 多份，形成快、准、稳的高产优质小麦新品种选育方法，已有 15 个品种通过陕西、湖北、河南等省级审定，选育品种累计推广面积达到 1.6 亿亩，产生社会效益 56 亿元（图 4-4）。

图 4-4　杨凌职业技术学院种子品种观摩及田间管理

> **案例 4-6　陕西能源职业技术学院校企共建研发中心**
>
> 　　陕西能源职业技术学院与大荣（西安）环保科技有限公司共同建设咸阳市煤化工清洁生产与设备防护重点实验室，积极从事煤化工清洁生产与环境保护方面的科研与技术服务工作，形成了一支研究方向稳定、特色鲜明的煤化工清洁生产技术和煤化工设备防护研究团队。与陕西延长石油（集团）有限责任公司、西安石油大学、大荣（西安）环保科技有限公司等多家单位签订横向科研合同、技术服务合同或人才培养协议，帮助企业进行生产技术与工艺开发、改造，实现技术服务收入 504.44 万元。

（三）社会培训

　　陕西高职院校以健全政、行、企、校多方协同的培训机制为突破口，围绕服务稳定和扩大就业，紧贴区域、行业企业和个人发展的实际需求，面向全体劳动者特别是重点人群及技术技能人才紧缺领域开展大规模、高质量的职业培训，提升人才培养质量和办学能力，深化职业教育改革发展，积极服务西部省份。

　　陕西工业职业技术学院被认定为教育部职业院校校长培训培育基地，围绕"地方离不开、行业都认可、国际可交流"的目标，做好各类培训工作，并在省级教育行政部门指导下继续做好职业院校校长培训基地的建设工作，在建设过程中不断提升学校管理水平和治校能力。陕西工业职业技术学院社会培训项目如表 4-1 所示。

表 4-1　陕西工业职业技术学院社会培训项目表

序号	培训项目	培训人数/人
1	兴平市专业技术人员继续教育培训	183
2	陕西省益秦公司服装技术与管理培训	50
3	兰州铝业有限公司生产管理者能力提升培训班（第一期）	48
4	兰州铝业有限公司生产管理者能力提升培训班（第二期）	48
5	青岛市高职教育教科研能力提升高端研修班	27
6	2019 年山西工程职业学院教研室主任能力提升培训班	30
7	欧姆龙（大连）有限公司新员工培训	17
8	山西机电职业技术学院骨干教师、教学名师、专业带头人高级研修班	50
9	滨州职业学院"双高计划"建设对标学习班	36
10	智能物流信息系统应用培训班	100
11	物流仓储技能能力提升培训班	100
12	跨境电商与物流培训班	42
13	智慧地产营销策划能力提升培训班	77
14	京东 BigBoss 基层管理者培养项目	100
15	京东京车会 18+1 标准施工流程研修班	40
16	京东京车会 18+1 标准施工流程研修班（第二期）	42
17	咸阳纺织集团有限公司技能提升培训	200
18	西安经发创新工业园企业通用培训	155
19	智能物流设备操作能力提升培训班人员名单	51
20	富平县职业教育中心机械加工专业老师培训	9
21	2020 年兴平市技术人员继续教育（工程）	100
22	2020 年兴平市技术人员继续教育（通用）	100
23	益秦集团工人培训	80
24	青海省高职院校"双高计划"建设高级研修班	66
25	其他社会培训	17 033
	合计	18 784

案例 4-7　西安电力高等专科学校年社会培训 25.5 万人日

西安电力高等专科学校多方服务市场客户，组织开发产品化培训项目，多渠道拓宽委托培训市场，致力服务于国家电网有限公司客户以及发电、石油、电建等行业的中国石油长庆石油分公司、国电龙源风力发电有限公司、华能吉木萨尔电厂等多家单位，2020 年度完成培训 420 期 25.5 万人日，实训基地使用 4 万人日，网络大学培训 5 万人次。

案例 4-8　西安铁路职业技术学院举办包神铁路集团有限责任公司货运收入管理培训班

2020 年 9 月 7 日，第一期包神铁路集团有限责任公司货运收入管理培训班在西安铁路职业技术学院顺利开班（图 4-5）。参加培训的学员大部分是来自一线货运结算中心的专业技术人员。培训围绕着"全面提升货运结算人员业务水平"展开，全体学员学有所获、学以致用，真正将自身岗位实践需求与理论学习紧密结合起来，积累理论经验，增长实践本领，提高业务能力。

图 4-5　包神铁路集团有限责任公司货运收入管理培训班开班典礼

（四）脱贫攻坚

陕西省委、省政府高度重视教育扶贫工作。2020年6月19日，副省长方光华带领省级部门负责同志在洛南县调研教育领域脱贫攻坚工作。

全省高职院校优先安排贫困学生在校企合作程度较深的订单定向班或企业冠名班学习，优先保障贫困学生的实习实训岗位。苏陕职教协作进一步落实和深化，积极推进重点项目落地，教师交流工作持续深入开展，受援县（区）和学校积极会商对口支援单位，互派教师开展支教和挂职交流。

> **案例 4-9　陕西财经职业技术学院开展"产业帮扶+消费扶贫"**
>
> "双百工程"实施以来，陕西财经职业技术学院聚焦深度贫困地区，发挥优势、聚焦重点、创新机制、整合力量，按照"柞水需要、学校能为"的帮扶原则，积极服务地方经济社会发展，进一步发挥帮扶高校的资源优势，持续开展"一条龙式"的"产业帮扶+消费扶贫"，助力打赢柞水精准脱贫攻坚战初见成效（图4-6）。

图 4-6　陕西财经职业技术学院主要领导在柞水县马房子村座谈

案例4-10　陕西邮电职业技术学院扶志又扶智，对口扶贫结硕果

陕西邮电职业技术学院与陕西省凤县河口镇签订优质农产品战略框架协议，累计购买凤县优质农产品11万元；为凤县1 000余名教师、3 000余名学生进行心理健康教育专题培训和现场辅导，疏解新冠肺炎疫情给全县师生带来的心理影响和心理压力；为凤县凤州镇中心小学援建计算机教室1个，配备云桌面技术电脑35台（图4-7）；为凤县进行技能人才培训200余人次。积极承接陕西省教工委对口帮扶陕西省淳化县消费扶贫活动任务，购买淳化县寨子村农产品7万余元。

图4-7　陕西邮电职业技术学院开展对口扶贫工作

案例4-11　陕西工业职业技术学院开展职业教育培训 助力脱贫攻坚

陕西工业职业技术学院为陕西省礼泉县先后开发了20多项实用技术培训项目，共计培训1 822人次，对农户开展电商知识培训900余人次，开展养殖种植技能培训150人次，开展汽修、焊接、电器安装等特色产业培训700余人次；帮扶礼泉职教中心完成联办"3+2"五年制大专3个专业的建设与人才培养方案的制订工作，开展专业建设咨询与指导等活动；针对礼泉县的产业发展，立项科技扶贫科研课题6项，解决了礼泉县伟东锻铸有限公司等4家中小企业发展中的技术难题，促进了企业快速平稳发展。

（五）抗击疫情

抗击疫情、志愿先行。疫情期间，陕西高职院校的广大师生积极向所在社区（村）报到，科学有序地参加疫情防控志愿服务活动，自发站到了志愿服务防疫一线，为疫情防控贡献了职教力量。通过制作微视频、手抄报、海报等多种方式传递爱心，用实际行动践行雷锋精神，营造科学防控氛围，充分体现了全省职业院校广大师生不畏艰难、勇于担当的精神风貌。咸阳职业技术学院、榆林职业技术学院等多所院校医护专业的多名优秀毕业生前往武汉防疫阵地前沿抗击疫情。

案例 4-12　榆林职业技术学院优秀毕业生驰援武汉

疫情暴发后，从榆林职业技术学院医学院毕业，就职于榆林市第一医院的高和飞、王晶晶、徐慧芳、彭停停、张小英、高芬、赵骞、冯辉、刘瑜、闫明叶、何姣等 11 名优秀毕业生驰援武汉，通过专业的职业技能抗击疫情，为全国疫情防控工作贡献了陕西职教力量（图4-8）。

图 4-8　榆林职业技术学院优秀毕业生王晶晶、徐慧芳在武汉抗疫一线

案例 4-13　师生奋战在家乡抗疫前线，爱心捐款定向捐往火神山

杨凌职业技术学院的多名学生党员、团员在各自的家乡主动要求参加防疫工作，他们起早贪黑、不要报酬、不畏艰险，写下《请愿书》，承诺愿意奋战在防疫第一线，忠于职守，服从组织安排，保护自己不给组织添麻烦。该院生态分院党政向全体师生发出了捐款驰援武汉的倡议，组织举办了向武汉捐款献爱心的活动，共计捐赠善款 71 354.08 元，并通过武汉慈善总会定向捐往火神山医院，充分体现了杨凌职业技术学院师生与灾区人民患难与共、守望相助的手足之情，《职教之音》对这件事进行了报道（图 4-9）。

图 4-9　杨凌职业技术学院在疫情期间的捐赠证书

五、国际影响

（一）国际交流

陕西省根据国家"一带一路"发展总体部署，充分发挥职业教育的优势和特色，积极构建对外合作交流平台，完善交流合作机制，开展"互联网+"科研、教育、农业等方面的合作，主动服务国家"一带一路"建设。

疫情期间，陕西举办了构建现代职教体系国际论坛，全球多个国家近280人通过主会场、Zoom会议平台、新媒体直播平台等形式参会，会议聚焦新冠肺炎疫情后的职业教育发展，围绕终身学习、现代职教体系构建、未来工作与职教、职教卓越发展、中德职教合作等内容，做高水平学术报告，促进了世界职业教育先进理念、经验的交流共享及职教的国际交流合作，提升了陕西职教的国际影响力（图5-1）。

图5-1 构建现代职教体系国际论坛会议现场

> **案例 5-1　陕西职业技术学院加强线上国际交流，强化联盟院校交流**
>
> 　　陕西职业技术学院与"一带一路"职教联盟院校西安航空职业技术学院、陕西财经职业技术学院等院校和单位进行调研交流，探讨疫情下"一带一路"职教联盟建设、国际交流、合作办学和留学生招收等议题，互学互鉴，资源共享，共同发展。积极开展中德、中日高校教师线上线下学术交流和师资专题研修活动（图5-2），以专题讲座、案例分析、提问交流等形式，探讨课程体系与人才培养方案，提高教师队伍的国际化视野和教学能力，加强联盟学院"双高计划"建设，促进提高联盟学院国际化办学水平。

图 5-2　中日教师网络交流会现场

（二）海外办学

　　陕西高职院校积极探索海外办学模式，进一步开发职业教育协同企业"走出去"项目，通过特色国际化办学提升中国职业教育的国际影响力，加快形成具有中国特色、世界水平的现代职业教育体系。目前已设立 5 所海外合作办学院校，在国际化合作办学层面迈上了新的台阶。

> **案例 5-2　咸阳职业技术学院与非洲坦桑尼亚达累斯萨拉姆理工学院设立中坦鲁班工坊**
>
> 　　咸阳职业技术学院与非洲坦桑尼亚达累斯萨拉姆理工学院在第二届中非职业教育国际产教融合研讨会上签署了咸阳职业技术学院中坦鲁班工坊、中坦云智学院共建协议。本次合作经过双方 1 年多的洽谈商讨，签署建设的中坦鲁班工坊、中坦云智学院将成为咸阳职业技术学院举办的第一家境外办学机构。由于在中非合作办学中的突出表现，咸阳职业技术学院 4 名教师入选创造太阳乌干达石油学院中非国际教育合作与交流专家委员会。

（三）国际认证

　　陕西持续加强引导高职院校与国外优秀职业教育机构的交流合作，共同开发与国际接轨的职业标准及认证体系，在专业课程标准、教材体系和其他优质教育资源上，积极参与职业教育国际标准的制订，促进国内职业教育优秀成果海外推介，提高全省职业院校人才培养的国际化程度，提升国际影响力。目前，陕西高职院校开发的 26 个专业教学标准与 293 个课程标准已被国（境）外采用。

> **案例 5-3　陕西工业职业技术学院开发标准，树立职业教育国际品牌**
>
> 　　陕西工业职业技术学院与尼日利亚温妮弗雷德创新学院、弗斯特马克创新技术学院、纳卡布斯理工学院、阿德耶米教育学院、爱尔兰第一商学院、尼日利亚政法学校等 6 所院校分别签署专业和课程引进协议，启动专业和课程合作项目。尼日利亚院校共引进软件技术等 12 个专业标准、182 门课程标准。启动向尼日利亚国家技术教育委员会申请专业认证工作，推进陕西工业职业技术学院专业标准进入尼日

利亚国民教育体系，成为该国的专业教学标准。同时，围绕专业和课程合作，实施尼日利亚教师培训、实训室共建、汉语中心建设、在线课程建设、师生交流等多个合作项目，入选"2020年中国职业院校世界竞争力50强"。

> **案例 5-4　陕西铁路工程职业技术学院不断加速输出高质量课程标准**
>
> 陕西铁路工程职业技术学院完成铁道交通运营管理等4个中外合作办学专业人才培养方案、课程标准编订工作，引进俄方优质课程资源3门，联合开发课程10门以上，7名俄方教师到校授课，建成俄语教学团队，承担课时比例超过30%。7个专业教学标准和60个课程标准被肯尼亚RTI铁路培训学院、俄罗斯萨马拉国立交通大学和菲律宾国家铁路局采用。

（四）双向留学

陕西多所高职院校与国外优秀教育机构合作办学，通过合作办学项目的实施，带动各高职院校的国际化发展。近年来，通过陕西职业教育国际化发展和中外合作办学经验的不断积累，各高职院校依托中外合作办学取得的管理经验和教学成果，陆续开展了来华留学生项目，积极输出优势教育产业，形成成熟的双向留学生交流体系。

> **案例 5-5　西安铁路职业技术学院深耕合作办学，提升育人质量**
>
> 西安铁路职业技术学院经过4年的深耕合作，形成完善的教学管理与评价考核体系，探索课程共建模式，联合培养人才初见成效。截至2020年7月，赴俄留学生人数为95名，27名学生顺利进入莫斯科国立大学、圣彼得堡国立交通大学等学校攻读硕士学位（图5-3）。

与泰国曼谷职教中心成立中泰轨道交通学院，现有留学生9名，以"汉语+轨道供用电技术职业技能"学习模式学习汉语，了解中国文化，掌握职业技能。与老挝汉澜管理学院达成战略合作关系，援助建设当地铁路相关学科及课程，输出中国标准。

图5-3　西安铁路职业技术学院首批50名赴俄留学生顺利毕业

（五）技能大赛

陕西省持续加强高素质技术技能人才培养工作，通过鼓励学生参与国（境）外技能大赛，以技能大赛促进职业教育教学模式、方法改革的研究，创新人才培养体系。2020年，陕西高职院校参加国（境）外技能大赛获奖20项。

六、政策保障

（一）加强顶层设计

为加快推进职业教育发展，陕西省印发《陕西省职业教育改革实施方案》（陕政发〔2019〕18号）、《关于深化产教融合的实施意见》（陕政办发〔2019〕26号），构成新时代职教发展的政策架构。为做好政策落地落实，相继出台了《关于建立职业院校1+X证书制度试点工作指导协调机构的通知》《陕西省职业教育服务乡村振兴战略三年行动计划（2020—2022年）》，全面落实《职业教育提质培优行动计划（2020—2023年）》，为创新职业院校人才培养模式、构建现代职业教育体系、深化教育评价改革提供了强有力的政策支持。

（二）加大投入力度

持续加大职业教育经费投入力度，推动职业教育实现高质量发展。一是支持国家"双高计划"院校建设。未来4年，陕西省计划投入35.888亿元支持"双高计划"建设，其中，中央财政投入资金5.85亿元，省、市财政投入资金6.95亿元，学校自筹资金20.42亿元，行业企业投入资金2.56亿元；研究制定省级"双高计划"建设遴选标准，计划建设10所高水平高职院校和20个专业群，建成10个左右高水平专业化实训基地。二是落实《职业教育提质培优行动计划（2020—2023年）》。全省确定承接项目43项（共45项），未来3年项目总预算为101.39亿元，其中，学校自筹资金38.86亿元，行业企业投入资金5.63亿元，举办方投入资金9.94万元，地市、县投入资金19.82亿元，省财政投入资金27.14亿万元。

（三）推进"放管服"改革

进一步转变政府职能和管理方式，支持高校适应创新发展需要，推进治理结构改革。深入推进管办评分离，切实履行监管职责。依照《关于全面深化新时代教师队伍建设改革的实施意见》（陕发〔2019〕5号），陕西省全面下放省属高校用人自主权和高校职称评审权，实行备案制。通过推行人事代理制度，实施高层次人才引进绿色通道等，积极探索新的用人方式，形成灵活的进出机制和竞争择优的使用机制；各高校自主制定教师职称评审办法和评审工作方案，年度评审结果报陕西省教育厅等主管部门备案，通过各种方式加强高校在教师资格认定和教师队伍管理上的自主权。在自主招生考试方面，扩大高职院校单独考试招生规模，高职分类考试已经成为陕西高职院校招生的主渠道。

七、挑战与展望

（一）问题导向

1. 产教融合发展不够深入

产教融合深度还不够，仍以单一性的合作为主。例如，平台基地的运作缺乏实际性系统应用，缺乏稳定有效的长期规划，企业参与人才培养方案的制订流于形式，等等。

2. 高质量师资队伍不够壮大

陕西高职院校教师来源单一，大多数为高校毕业生，实践经验较少；企业导师引进渠道不够明确，企业参与教学的方式较少、深度不够，校企共教不能完全发挥其作用。

3. 专业结构设置未完全适应市场需求

专业结构的设置仅围绕现有资源与教学水平，部分学校由于长期办学的惯性，专业设置缺乏创新性和前瞻性，在制订人才培养方案时并未完全考虑区域市场需求，导致就业质量不高。

（二）创新发展

1. 深化产教融合、校企合作

落实激励政策，激发企业参与职业教育的内生动力。建立行业产业与职业教育对话机制，搭建信息平台。建立头部企业、规模以上企业与学校对接机制。建设产教园区，促进产业链与人才链的对接。对接产业行业企业优化专业结构，双元育人。

2. 统筹实施"双高计划"建设

以突破性政策，重点支持"中国特色高水平高职学校和专业建设计划"院校。以"一流学院、一流专业"和高水平示范校为基础，开展省级高水平学校和专业建设。坚持分类指导，支持有条件的地市整合职教资源，特色发展。

3. 健全现代职业教育体系，提高人才培养质量

促进职业教育考试制度改革，促进中高本衔接贯通，探索中高职联合培养"优才计划"。深化教师、教材、教法"三教"改革，推行专业标准，推行订单班、现代学徒制、1+X 证书制度试点改革，举办全省职业院校技能大赛，切实提高人才培养质量。